जीवन वृत्त
व्यास ऋचाएँ

(कविता-संग्रह)

भारतीय उच्चायोग, लन्दन की डॉ. लक्ष्मीमल सिंघवी
यू.के. हिन्दी साहित्य प्रकाशन अनुदान योजना (2018)
के अन्तर्गत सम्मानित एवं प्रकाशित

जीवन वृत्त व्यास ऋचाएँ

ऋचा जैन

वाणी प्रकाशन ग्रुप
भारतीय ज्ञानपीठ

वाणी प्रकाशन : भारतीय ज्ञानपीठ की पुस्तकों के एकमात्र प्रकाशक एवं वितरक

लोकोदय ग्रन्थमाला : ग्रन्थांक 1415

पहला संस्करण : 2020
दूसरा संस्करण : 2022
तीसरा संस्करण : 2025

वाणी प्रकाशन : भारतीय ज्ञानपीठ की पुस्तकों के एकमात्र प्रकाशक एवं वितरक

वाणी प्रकाशन
4695, 21-ए, दरियागंज, नयी दिल्ली-110 002
दूरभाष : 011-23273167, 23275710
ईमेल : sales@vaniprakashan.in
www.vaniprakashan.com

ISBN : 978-93-5518-491-7

मूल्य : ₹ 395

जीवन वृत्त, व्यास ऋचाएँ
(कविता-संग्रह)
ऋचा जैन

JEEVAN VRITT, VYAS RICHAYEIN
(Poetry Collection)
by Richa Jain

रेखांकन व आवरण-चित्र : ऋचा जैन
मुद्रक : आर. टेक ऑफ़सेट प्रिंटर्स, दिल्ली-110 032

जनक - श्री माखन लाल जैन

के असीम स्नेह

जननी - श्रीमती सुनीता जैन

के अटूट विश्वास

और भगिनी - रूचि जैन

की अप्रतिम मन:शक्ति

को

सादर समर्पित

अनुक्रम

जीवन वृत्त

व्यास ऋचाएँ

उबुन्टु

जो ये है तो मैं हूँ
जो वो है तो मैं हूँ
तुम हो तो मैं हूँ

उबुन्टु
उबुन्टु
उबुन्टु

'मेरी ऋतु अलग है'–आप हमेशा कहती थीं
बहुत, बहुत छोटी उमर से
बस आप ही कहती थीं, मम्मी

तो
जनमती रही हर कोख से
जनमती रहूँगी हर कोख से

आपने हमेशा स्नेह दिया, पापा
स्नेह
मेरी अकड़ को
मेरी निष्ठुरता को भी
मेरे हठ को
मेरी अशिष्टता को भी

मेरे हर ताने-बाने में छुपे हो तुम
जाने कब ताना बन जाते हो
जाने कब बाना
-चुपचाप -

जो उधेड़ूँ तो कोई भेद नहीं

कभी गाँठे सुलझा देते हो ख़ुद जुलाहा बन के
कभी रंग जाते हो धागों को रंगरेज़ों से
-चुपचाप-

जो ढूँढ़ूँ तो कोई और नहीं -शेषू

तुम्हारी धमनियों से बँधी है
मेरी नाल
मेरी हथेली पर रखी है
तुम्हारी
यूँ ही ज़िंदा रखना तुम
अपनी रगों में दौड़ते जज़्बे की रोशनाई को
मैं भी कभी मुट्ठी नहीं खोलूँगी

हम ख़ूब लिखेंगे-शालू

तुम मेरी साड़ी सेट कर देना
मैं तुम्हारी ज्वेलरी
हम मेला घूमेंगे
और मॉल भी
तुम कुछ ये ख़रीद लेना-मेरा भी
मैं कुछ वो ख़रीद लूँगी-तुम्हारा भी - भाभी

मैंने पढ़ा है वो सपना जो तुमने बाँचा नहीं
कि मैं चाँद पे बैठूँ
और तुम प्यार से चौखुट्टी रोटियाँ बनाओ

—विकास

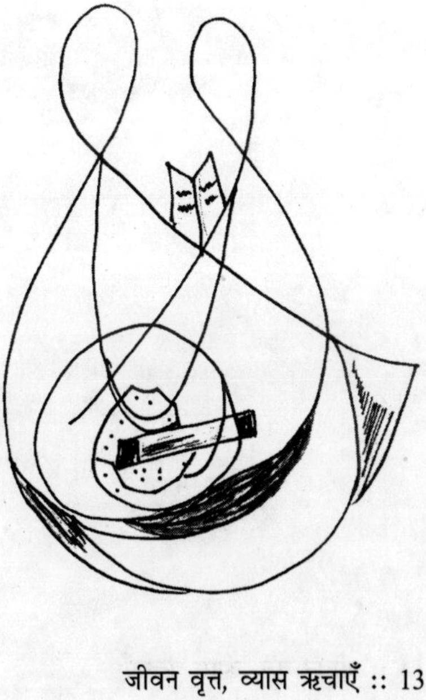

ना नौन समझता था ना बूरा
बाटी का चूरा भी
नि:स्वाद

जो तुम आईं तो रस आया
जो तुम आईं तो कविता आई–प्रिय सम्बोधि

जब ऊँट खड़ा होगा तो पुल बनेगा
जो बैठेगा तो पहाड़

और जब चलेगा रेत पे
तो जहाज

तुम ऊँट की सवारी करना, मेरे बच्चों
–सम्बोधि एवं सम्वर

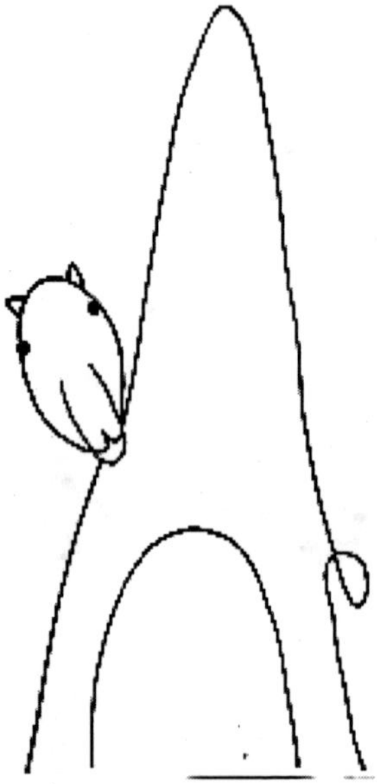

प्याज के रस से लिखे शब्द जैसे
अदृश्य
बल्ब की गरमाहट में पढ़ूँ
तो उभर आते हो
बारिश में छाते से
तत्काल रेज़र्वेशन से -चिंटू

कुछ पहलू जीवन के
खुले पत्तों से
कुछ, बंद

पारी खेलो तो समझ आता है
खेल नहीं बिना उनके

जो कुछ पत्ते उलटाए- तो मैं हूँ

जो प्रार्थनाएँ हैं तो मैं हूँ
जो आशीष है तो मैं हूँ- मम्मी जी, पापा जी

जो सब हैं तो मैं हूँ

उबुन्टु
उबुन्टु
उबुन्टु

कोशिश

मैं सीख रही हूँ
सच बोलना–
स्वयं से

मैं सीख रही हूँ
लिखना–
कविता

षड्यंत्र

शब्द सताते रहे
सालों साल
बिछाते रहे एक
मायावी जाल

ख़ुद से बातें करना
खाली दृश्य देख मुसकाना
अकथनीय पे झुँझलाना

उन्मत्त सी रहने लगी

—जब तक कि मैंने लेखनी नहीं उठाई

चुनिंदा

शब्दों का ढेर नहीं
बस,
कुछ चुनिंदा ही
अच्छे हैं

तारों से छिटके हुए
ज़हन के आसमान में
जो मन छटपटाए
तो
ख़यालों के जहाजों को
रास्ता दिखा जाते हैं

गणित

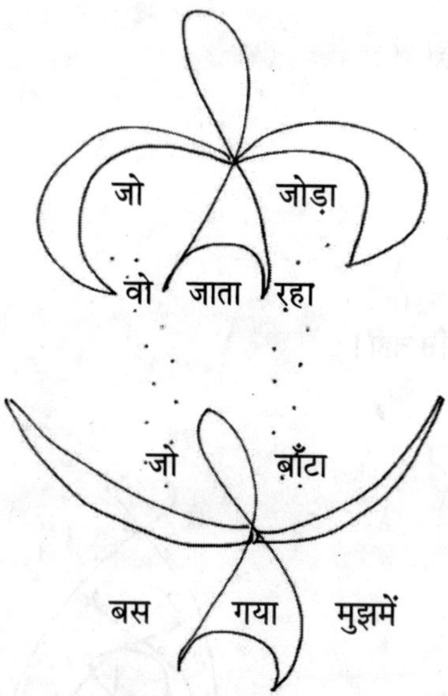

मैं वक्र

जोड़ने दो बिंदुओं को मुझे

टेढ़ी-मेढ़ी लकीरों से
स्वछंद घुमावों से
सजाने दो कँगूरे, बेलबूटे

—सरल रेखाएँ मेरी प्रवृत्ति नहीं!

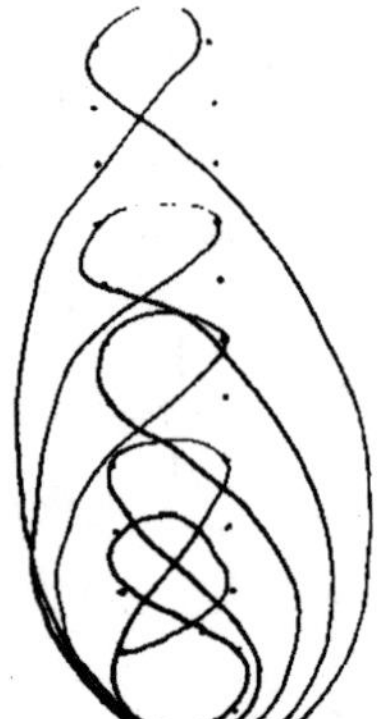

लाल

लाल-वो मैं हूँ
नसों में छुपी हुई-मैं हूँ
जो जानती है गढ़ना-वो मैं हूँ
लगन से जनती हूँ पहले अपने लिए
तिलिस्मि पंखों को
पर किसी के वर्णों से मुग्ध होकर
छोड़ देती हूँ, एक ही झटके में उन्हें
मंद, बेरंग, लालायित अनियमित काल के लिए
मैं-लाल-भरती नहीं उन्हें
वरन पिघलती हूँ,
        बहती हूँ
                उन्मत्त
नए अजाने रंगों को गढ़ने
और ठहरती हूँ आकर
        गर्भ में

मैं-ज्वाला
मैं-लावा
मैं-सृजक

रचती हूँ फिर-लाल
'लाल'-तुम्हारे लाल में घुला हुआ लाल-
मैं हूँ

चलो, चल पड़ो

निकल आओ कैन्वस से
और चल पड़ो
स्वतः चुनो अपने दूध की सफ़ेदी
और रक्त की लालिमा को

—कला तुम, कृति तुम, कलाकार भी

व्यास

वृत्त की त्रिज्या नहीं तुम
उखाड़ डालो खूँटे को
नाप ली परिधि बहुत
सिंच गया अब क्षेत्र भी

चौखट से निकल कर वह सड़क
चाँद तक जाती है

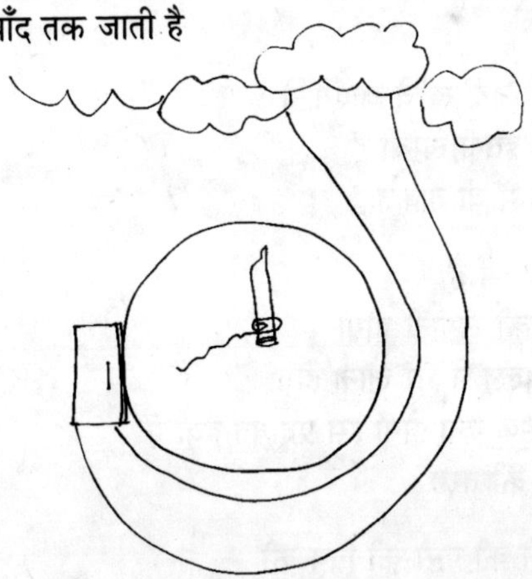

हो निर्भया

जानती हो,
प्रताड़नाएँ कई तरह की होती हैं
कुछ परिभाषित, बहुत सी अपरिभाषित
निश्चित ही चिरपरिचित
पर परिभाषा ज्ञात नहीं

डूबे हुए हैं शब्द मन-कुईयों में

सदियों से

बाल्टी से नहीं खींचे जाएँगे ये
ना रस्सी इतनी लम्बी है
ना गरारी में वो ताक़त

ये तलहटी में हैं
ख़ुद डुबकी लगानी होगी
अपनी चुल्लू में भर लाना होगा
और छिड़क देना होगा इस प्रदूषित हवा में
गंधोदक की तरह

तो पार्वती की पारो की पियु की
निश्छल कुलाँचें
दातों की चमक
सींच पाएँगी धरती का बिंधा सीना
सी पाएँगी छिन्न-भिन्न आकाश

हील-इयम

तुम भर गए हो मेरे फेफड़ों में
निकाल दूँगी तुम्हें पूरा
एक ग़ुब्बारे में

ग़ुब्बारे के मुँह को ज़ोर से पकड़कर
एक गाँठ लगा दूँगी
और छोड़ दूँगी

तुम्हारा हल्कापन
तुम्हें ऊपर ले जाएगा
ऊपर और ऊपर

मेरे फेफड़ों से बाहर
मेरे मस्तिष्क से बाहर
मेरे वायुमंडल से बाहर

मैं स्वतंत्र हो जाऊँगी
जीवन भर पाऊँगी फिर
ख़ुद में
साँस लेकर इस खुली हवा में

कुंडली

हर चक्कर पे दरवाज़े
दरवाज़ों पे ताले हैं
बड़े-बड़े
बंद ।

बंद रहे तो रहे आएँ ,
जो मैं कूद सकती हूँ, फाँद
सकती हूँ,
दौड़ सकती हूँ,
तो रेंगूँगी क्यों भला ?

मैं तो
सीधे जाऊँगी
अ से ब तक

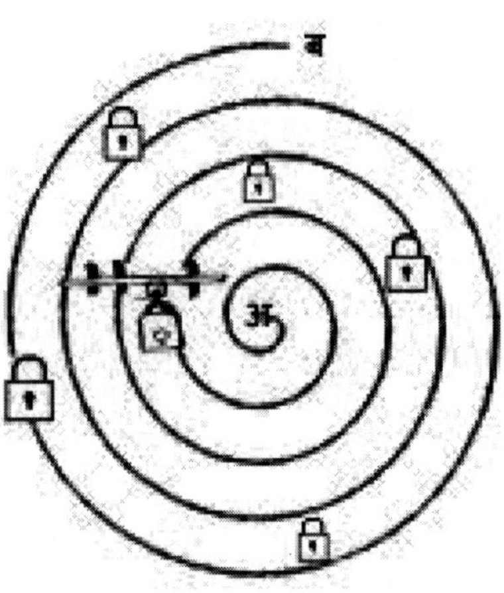

घड़ी-घड़ी जीवन

सुबह उठी
इसके पहले कि मैं घड़ी में टँक जाती
मैंने सुइयाँ उखाड़ लीं
और भाग गई
बाहर
दूर, बहुत दूर

दौड़ती रही तब तक
जब तक कि मैं और मेरी धड़कन के बीच कुछ नहीं रहा

बस मैं और मेरे पल-बिना टिक-टिक के

अब उनका 'होना' था 'बीतना' नहीं

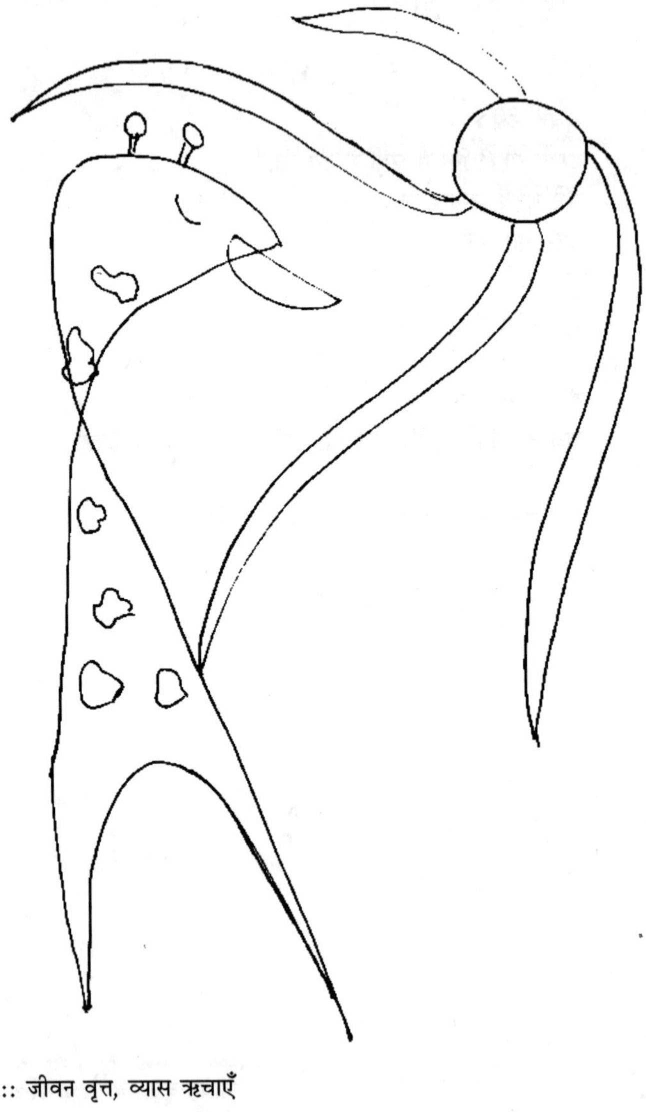

शब्दनिष्ठा

जिराफ़ चाँद खा रहा था मज़े से
उस रात

सुबह तलक

सूरज को देखा तो झट डकार ले ली

कहने लगा, ज़बान चितकबरी नहीं रखते जनाब

विजेता

वो छोटी लड़की जो नंगे पाओं पार्क में खेलने आती है,
दूसरे बच्चों की बड़ी साइकिलें वही सबसे तेज़ चलाती है।

जूँ सपनों की

चिड़िया बैठती है
सर की मुँडेर पर आकर हर शाम

हर शाम
बाल फैलाकर बैठ जाती हूँ
चुगने देती हूँ उसे
जूँ सपनों की

दिन खुजली रहे
रात तो चैन की हो

नानी चिड़िया

मेरे बालों को घोंसला समझती है वो
आ जाती है हर शाम
रात सर पर बिताती है

क़िस्से - कहानियाँ दूर-दराज़ के
बटोर ला पंखों में
चुपके से मेरी खोपड़ी में चुपड़ देती है

सेती है उनको
कि कविता की रंगीन किलकारियाँ कूकेंगीं

जिनको फिर कोई सयानी चिड़िया बटोर लेगी अपने पंखों में
और चुपड़ देगी किसी नन्ही के घोंसले नुमा बालों में

वो कुछ छोटा सा

कुछ अंदर है छोटा सा
बहका-बहका बहरूपिया सा
इतना छोटा कि दिखता नहीं किसी को
मुझे भी नहीं

महसूस होता है बस
शामों को थोड़ा ज़्यादा
रातों को और भी ज़्यादा
रंग-रूप बदलता रहता है
कभी

कभी गीला-गीला सा
सीला-सीला सा
कभी दल-दल सा
कि धँसने लगती हूँ मैं
कभी ओलों सा पड़ता है नंगे बदन पर
कभी सूख जाता है
तो नुकीला हो जाता है
चुभता है खीले की तरह

व्याख्या से परे
तो जो समझा, समझ लो वैसा नहीं

कैसा है?
क्यों है?
वो मैं नहीं
तो जाता क्यों नहीं
और छोड़ देता मुझे
सिर्फ़ 'मैं' ही रहने

यहाँ और अभी (इस क्षण में)

‘होना’ या ‘ना होना’-प्रश्न अब ये नहीं
‘होने’ में कितना ‘होना’ है, मनन हो इसका सही

हाथ में जो केश हों नौनिहाल के
तो मस्तिष्क में भी मख़मली तरंगें उठें
हाथ पकड़ें हाथ जो वृद्ध तात के
तो बिन हड़बड़ाये क़दम बढ़ें
मस्तिष्क और देह में भिन्नता नहीं
हर श्वास में ये बोध हो-कब आई, कब गयी

जो नेत्र देखें, तो मात्र देखें
लयबद्ध होकर श्वास से
जो हाथ लिक्खें, तो मात्र लिक्खें
शब्द निकलें प्रश्वास से
विचार और क्रिया में भिन्नता नहीं
हर श्वास में ये बोध हो-कब आई, कब गयी

‘होना’ या ‘ना होना’-प्रश्न अब ये नहीं

फ़ेविकोल का जोड़

एक फ़ेविकोल का जोड़ चाहिए
दिमाग़ में

'मैं' रूपी लकड़ी से
विचारों की उन्मत्त छिपलियाँ
समय के रंदे से छिल-छिल
उछल कर गिरती जा रही हैं
और 'मैं' पतला होता जा रहा है
प्रतीत होता है, कि वह सुडौल और चिकना हो रहा है
पर 'मैं' अब वह नहीं जो था
'मैं' वो भी नहीं जो दिखाई देता है
'मैं' अब लकड़ी नहीं, बुरादा बन धीरे धारे
सर्वत्र फैलता जा रहा है

एक फ़ेविकोल का जोड़ चाहिए मस्तिष्क में
जो 'मैं' को भसकने ना दे

नियंत्रण

मस्तिष्क में विचार
विचारों के अपने मस्तिष्क
मस्तिष्कों के अपने विचार
विचारों के अपने मस्तिष्क

मस्तिष्क-विचार-मस्तिष्क-विचार-मस्तिष्क-विचार

विचार, पूँजी मस्तिष्क की-परित्याग किस तरह सम्भव ?
मस्तिष्क, अंग विचार का-पृथक्करण दूभर

कामना मात्र एक-नियंत्रण की
इस तंत्र के
जो बना है मस्तिष्कों के विचारों और विचारों के मस्तिष्कों से

अ-ध्यान

जतन कर छोड़ने को प्रपंच दुनिया के
दृढ़ होकर आज बैठा मैं ध्यान करने
मेरुदण्ड तान के, योग-मुद्रा बाँध के,
भ्रू-मध्य केंद्र बना, बैठा मैं ध्यान करने

ढूँढने की आस में इक चमकते बिंब को
खोजने की चाह में उस परम आनंद को
श्वास के प्रवाह को भी किंचित मंद कर
शून्य में समाने को, बैठा मैं ध्यान करने

प्रयास से इंद्रियों को कुछ संयमित कर
भावना के वेग को भी कुछ संतुलित कर
विचार कर विचारों के जटिल जाल से
मुक्त हो जाने को, बैठा मैं ध्यान करने

मैं देखता, एक तरल निकलता ललाट से
बुनता सघन जाल, अविराम एक मकड़ा
पास, पास ही है जाल, प्रतिपल विकराल
मुँदे चक्षुओं से भी देखता मैं, एक मकड़ा

उस सघन जाल में, ढूँढता मैं बिम्ब को
ध्यान को ध्यान रख, संबोधता स्वयं को
तन्तुओं को काटता धार से विचार की
वार को ही बुनने को तत्पर, एक मकड़ा

हर विचार पर विचार, हर विचार का संचार
हर ऊगते विचार को बुनता, वो एक मकड़ा
मैं काटता, वो कातता, मैं तोड़ता, वो जोड़ता
देखता मैं हतप्रभ, सतत कर्मरत, एक मकड़ा

ना ध्यान का ध्यान, ना समय का भान
छोड़ने जो बैठा था, उसमें जा जकड़ा
जतन कर छोड़ने को प्रपंच दुनिया के
दृढ़ होकर आज बैठा था ध्यान करने

साँस

तुम चुपके से आती हो, चुपके से चली जाती हो

जाने क्या लाती हो, जाने क्या ले जाती हो

कहाँ तक जाती हो, कहाँ से मुड़ जाती हो

हर बार वही रहती हो या बदल जाती हो

अंदर आते कतराती हो या बाहर जाते सकुचाती हो

क्या प्रकृति है तुम्हारी, क्या नियति है तुम्हारी

फिर एक दिन अचानक ऐसा क्या हो जाता है

कि आना नहीं चाहतीं, जिन रास्तों को बरसों नापा

उन पर जाना नहीं चाहतीं –क्यों?

यात्रा

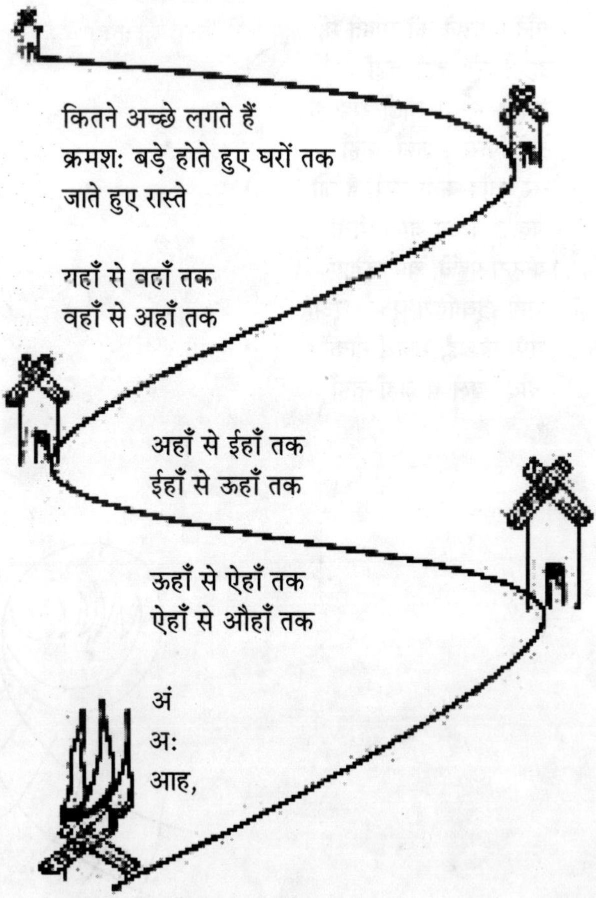

कितने अच्छे लगते हैं
क्रमशः बड़े होते हुए घरों तक
जाते हुए रास्ते

यहाँ से वहाँ तक
वहाँ से अहाँ तक

अहाँ से ईहाँ तक
ईहाँ से ऊहाँ तक

ऊहाँ से ऐहाँ तक
ऐहाँ से औहाँ तक

अं
अः
आह,

राम नाम सत्य है!

चाहत

चाँद पकड़ने की चाहत में
उछले कूदे जहाँ–तहाँ
उलटी–सीधी सीढ़ी रख के
उतरे फिसले कहाँ–कहाँ
अरे, चाँद कहीं ठहरा है जो
पकड़ में आ जाता मियाँ
कट्टा पहुँचे, यार जुड़ाए
झूठी ख़्वाहिश धुआँ–धुआँ
गप्प लड़ाईं, ग्लासें ठोकीं
चाँद खिले थे जहाँ–तहाँ

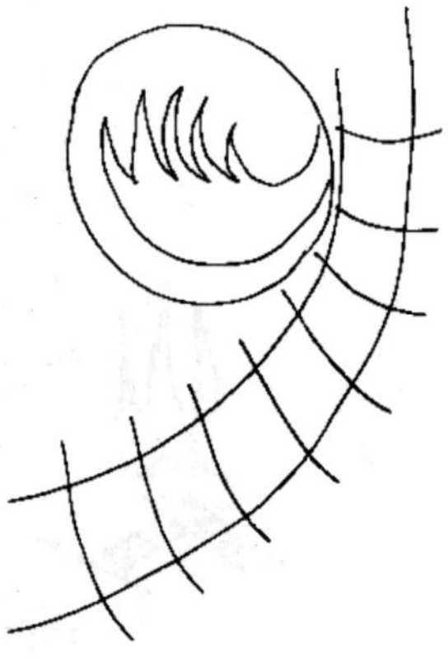

बादल की तलाश

इस बार भी बहुत ख़त आए थे
उसके पास
वो, जो अपने साथियों की तरह आवारा नहीं था
कुछ समंदरों, कुछ नदियों, कुछ नालों के पैग़ाम थे
उसकी बूँदों के नाम थे
जो बस बरसना जानती हैं
कहाँ, कब - ये नहीं पता

शायद अपनी क़ीमत का अंदाज़ा नहीं उन्हें
ये बादल उन्हें अपने में सम्भाले-सम्भाले
उनकी सही मंज़िल को तलाश रहा था
तभी उसकी नज़र कोने में पड़े
मटमैले से ख़त पर पड़ी-
शब्दहीन!

बस कुछ सूखी हुई बूँदों के निशान थे
जो चखे तो खारे थे

बादल की तलाश पूरी हुई
चल पड़ा अपनी पूँजी समेटे
धरती के उस टुकड़े पर उड़ेलने
जहाँ लाचार आँखें टकटकी लगाए
ऊपर से अपने पसीने में लथपथ
ख़त का इंतज़ार कर रहीं थीं

आख़िर कब

उड़ान की उसकी परिंदे भी मिसालें देते
गर उसके पंखों में छेद ना होते

गुमसुम सा वो ज़माने में यूँ गुमशुदा ना होता
ग़र खुदा ने उससे बदले ना लिए होते

हौसले पे हौसला जो देना ही था उसे तो
किसी एक हौसले को सराह तो देते

छत तक अपने घर की पहुँच जाता वो भी
जो रेत के ढेर में कुछ पत्थर जमे होते

ख़ुद ना देख सका पर दिखा गया सबको
कि शिकायतों से मसले हल नहीं होते

खीजता नहीं वो अपनी बेबसी पे ए खुदा
सताते हैं सपने जो रोशन नहीं होते

प्रयत्न पिकासो को समझने का

हालाँकि मैं इसे घंटों तक टकटकी लगा देख सकती हूँ
पर मुझे लगता नहीं कि यह कला मुझे समझ में आती है

शीर्षक एक सुराग देता है
और मुझे अंदर ले जाता है
आकृतियों और रंगों की भूलभुलैया में

मैं समझने की कोशिश करती हूँ
अधीरता से,
चित्र के किसी कोने में, किसी हिस्से में, किसी टुकड़े में
ढूँढ़ती हूँ कुछ
जिसे मेरी आँखों ने जाना हो

और यकायक चमक उठती हैं
मेरी आँखें
जैसे कुछ देख लिया हो-जाना-पहचाना सा

...अगले ही पल मैं हैरान-क्या यह वही है?

कुछ बड़ा है!
कुछ अलग,
यह फैला हुआ और विस्थापित है।

अरे, यह तो इस रंग का है? यह आकार?
अजीब है,
लेकिन दिलचस्प!

अपने दिमाग में टाँक
पर्याय–परिभाषा
आगे बढ़ती हूँ

.

.

.

लगता है, कुछ और समय चाहिए
हो सकता है तब समझ पाऊँगी
और अच्छे से
किसी और अलग तरीक़े से

फिर टटोलती हूँ मैं चित्र को
अपनी विस्मय भरी आँखों से
और दूसरे हिस्से पर जाती हूँ
शायद मेरी आँखों ने कुछ पहचान लिया है!

अगले ही पल–हैरान, फिर से!
...

मैं इसे घंटों तक निहार सकती हूँ
घंटों प्रयत्न कर सकती हूँ,
पिकासो को समझने का

आदम कि हौआ

कुछ समझते हो?
ज़ेबरा की धारियाँ जाँघों पर
पीठ पर तेंदुए के धब्बे
ठुड्डी पर भालू के बाल
दिमाग़ में सींग
और बंदर की फ़ितरत लिए
मैं चिड़ियाघर हूँ एक चिड़ियाघर में

तुमको लगता है, आदम हूँ?
कुछ समझते हो?

एक मकड़ा-उलझा हुआ
जाल बुनता हुआ
फँसा हुआ, हताश, निराश
शिकार-अपने जाल में

तुम्हें लगा, दिमाग है मेरे पास!
कुछ समझते हो?

लिपता-पुतता,
झुलसता-छिलता
छिपता-उभरता
सँवरता-बिखरता

रंग हूँ मैं, बस एक रंग
तीन में से एक–
ब्लैक, ब्राउन या व्हाइट

क्या, तुम्हें लगा, हाड़–माँस हूँ!
कुछ समझते हो ?

ख़ुद को ही खा जाने वाला
एक तनावग्रस्त साँप हूँ

अरे ओ ऊपर वाले, कुछ समझते हो ?

सुख है

धूल से बनकर धूल बन जाना-
अनंत सुखों से भरी एक यात्रा

किंतु
मार्ग में मिली
असीम गुणों से भरी अगोचर गठरियाँ
रह जाती हैं
अपरिचित, अचर्चित, अनुत्तरित

मानवीय अकृतज्ञता का शिकार
है यह ब्रह्मांड
जो है निरंतर-कर्मरत
पालने जीवन

—यह सुख है

असंख्य मूक सूक्ष्म जीव
पैरों के नीचे
परस्पर क्रियाशील
परिवर्तित करते
माटी को पोषण में
—सुख है

विशाल तारा, जो चमक रहा है दूर
और भेज रहा है
अपने गर्म जादू को
इस पार
लगातार
ग्रह-चूल्हे को ईंधन देता
अनादिकाल से
—सुख है

पेड़ों की जड़ों और पत्तियों की नसों
में पलते बादल
व्यस्त हैं
निष्ठापूर्वक
सतत् संश्लेषण में-
—सुख है

अविरल-
अंदर से बाहर और
बाहर से अंदर जाती हवा
आश्वासन है
हर बार
कुछ और मिली हुई घड़ियों का

—सुख है

रक्त में घुले जीवन-तत्व का
ऊपर से नीचे,
नीचे से ऊपर बहना
समान रूप से
सभी के लिए
—सुख है

हृदय का धौंकना
मस्तिष्क का विचारना
पेट का पचाना

अविरत-
बाह्यता से उदासीन
निरपेक्ष भाव से

—सुख है

सुख है, त्वचा के नीचे कोशिकाओं का होना
त्वचा के रंगों की भिन्नता-सारहीन

सुख है, खोपड़ी पर बाल उगाने वाले रोमों का होना
सीधे, घुंघराले या लहरिया का अंतर-सारहीन

सुख है, मैं देखता सकता हूँ, जो देख सकता हूँ
काली, भूरी, नीली, या हरी का अंतर-सारहीन

सुख है, जब मैं मुस्कुराता हूँ, तो तुम मुस्कुराते हो
पूर्व, पश्चिम, उत्तर, दक्षिण-दिशाएँ-सारहीन

फिर छलावरण क्यों?
रंग, बनावट, गंध का
आकार, वजन, ऊँचाई का

मात्र बाह्य-आवरण हैं ये
उन समस्त ब्रह्मांडीय सुखों के
जो तुम और मैं
और ये और वो
और वो और वो भी

एक समान रूप से
आत्मसात करते हैं

धूल से बनकर धूल बन जाना-
सुख है!

तारतम्य

कहते हैं, मरने के बाद इंसान तारा बान जाता है
शायद ये सच है
ज़मीन और आसमान में तारतम्य ज़रूरी है
इसे हर हाल में निभाना प्रकृति की मजबूरी है
अभी कल ही की तो बात है, मुझे अच्छी तरह याद है
धुँधलका सा था छाया
कोई तारा भी ना टिगटिमाया
प्रकृति को ये ना रास आया
ज़मीन आसमान के संतुलन को बनाए रखने
उसने मेरे तारे को नभ में पहुँचाया

किसी ने सच ही कहा है
वक़्त हर वक़्त एक सा नहीं होता
और वक़्त बदला
अब आसमान साफ़ है
भरपूर चाँदनी की आस है
चाँद दूर से मुसकाया,
इसलिए मन में विश्वास आया
कि अब बिजली नहीं गिरेगी
नभ को अब मेरे तारे की ज़रूरत नहीं पड़ेगी

क्योंकि वे अब पर्याप्त हैं

प्रकृति ने फिर अपना कर्तव्य निभाया
और संतुलन बनाया
और नभ के एक तारे को
मेरे गर्भ में पहुँचाया

माँ का पैग़ाम

माँ ने पैग़ाम लिक्खा, चंद्रमा के नाम लिक्खा
बोला एक तारा भेज दे

तेरे आसमान में लाखों तारे तारिकाएँ
झूमें नाचें गाएँ और मुसकाएँ

मेरा आंगना सूना, चुप-चुप कोना-कोना
मुझको एक सलोना भेज दे

ज़िंदगी के तार जुड़ें मन के सितार छिड़ें
मुझको एक प्यारा सा गीत भेज दे

फिर एक नन्ही सी कली गोद में आ गिरी
बोली, माँ मैं तुम्हारी बिटिया

अब तलक थी दूर मैं, चाँद के पुर में
चँद्रमा ने भेजा मुझे देके चिठिया

चंदा के संग खेली, चाँदनी की सहेली
करती थी अठखेली दिन रतियाँ

नित नए खेल मिले, नए नए मेल मिले
फिरती थी रात दिन संग परियाँ

फिर भी माँ, वहाँ एक बात थी खली
सब कुछ था फिर भी गुमसुम थी ये परी

माँ ना थी, ना माँ का वहाँ प्यार था मिला
ना गोद, ना ये आँचल ममता भरा

माँ तेरी गोदी सबसे हँसी
चंद्रमा की दुनिया से बढ़ के कहीं

छोड़ के गोद मैं ना जाऊँ अब कहीं
साथ में बिताऊँ तेरे सारी ज़िंदगी

माँ ने पैग़ाम लिक्खा

कच्चा पापड़

सुनो, नाहक ही उसे ना डाँटा करो
मेरी लाडो को तुम कच्चा पापड़ खाने दिया करो
स्वाद सब बदल जाते हैं,
दूध के दाँत जो गिर जाते हैं
फिर ना मिट्टी मीठी लगती है , ना चॉक
ना बस्ते की बद्धी चूसी जाती है, ना अँगूठा
उसे इन दूधिया स्वादों को चखने दिया करो
मेरी लाडो को तुम कच्चा पापड़ खाने दिया करो

धुले हुए कच्चे चावल और दाल
वाह, क्या मज़ा देते हैं!
मेरा पेट तो कभी दुखा नहीं
उसका भी ना दुखेगा
पुरखों का शायद दुखा हो
कभी-कभार उसे मुट्ठी भर लेने दिया करो
मेरी लाडो को तुम कच्चा पापड़ खाने दिया करो

संतरे का पेड़ कभी मेरे पेट में तो ऊगा नहीं
उसके भी ना ऊगेगा
पुरखों के शायद ऊगा हो
दो-चार बीजे निगल जाने दिया करो
नाहक ही ना उसे डराया करो
मेरी लाडो को तुम कच्चा पापड़ खाने दिया करो

कभी अपनी भी नाक बही थी
तो जीभ ऊपर गई थी
चेहरे पर सफ़ेद चकत्ते झलके थे
सिर में दो-चार जूँ भी रेंगी थीं
नाहक ही ना उसे तुम जलाया करो
मेरी लाडो को तुम कच्चा पापड़ खाने दिया करो

कमरा क्या बढ़ के वो घर सम्भालेगी
ख़ुद को क्या कई जानों को पालेगी
दीवार में अभी थोड़ी गोदागादी हो जाने दिया करो
बहुत ज़्यादा भी उसे ना सिखाया करो

मेरी लाडो को तुम कच्चा पापड़ खाने दिया करो

मनचली

मनचली ये मछलियाँ
मछलियाँ कुछ मनचली
नदी की धार छोड़ कर
संग हवा के उड़ चलीं

कि पानी अब सुहाए ना
बहाव इन्हें बहाए ना
खोजने दिशाओं को
आकाश तैरने चलीं

शाख़ की गुलेल से
जम के छूटीं जो ये
फ़लक के सितारों को
सीधा साधने चलीं

मनचली ये मछलियाँ
मछलियाँ कुछ मनचली

मैं भूत बन कर आऊँगी

(चेतावनी एक कन्या की, एक किशोरी की, एक औरत की)

सुनो, मैं भूत बनकर आऊँगी
ये जो मैं रोज़ तिल-तिल कर मरती हूँ ना
उससे मैं थोड़ा-थोड़ा भूत बनती हूँ
मुझे यक़ीन है,
मैं जल्द ही पूरा मर जाऊँगी
मैं जल्द ही पूरा बन जाऊँगी
सुनो, मैं भूत बन कर आऊँगी
और तुम्हारी गंदी नज़रों की
रेखाओं को 90 अंश पे झुका कर
तुम्हें तुम्हारा ही गंदा-घिनौना
रूप दिखाऊँगी
ये मत समझना,
कि मैं पीपल में लटकी रहूँगी
या शमशान में भटकती रहूँगी
मैं पान की टपरी में तुम्हारे बाजू में
खड़े होकर अपने होंठ लाल करूँगी

मैं भूत बन कर आऊँगी
मैं रात को 12 बजे मोमबत्ती लिए
वीराने में नहीं भटकूँगी
मैं बाइक पे आऊँगी

और जब तुम अपनी मर्दानगी के
नशे में चूर पब से बाहर निकलोगे
तो ज़ोर की एक लात मारकर
तुम्हें चारों खाने चित्त कर दूँगी
मैं, मैं भूत बन कर आऊँगी
मैं अपने लम्बे नाखूनों की
धार तेज़ कर रही हूँ
तंग गलियों में जब तुम्हारे
हाथ इधर-उधर बढ़ेंगे
तो अपने तेज़ नाख़ूनों से
तुम्हारी कलाई की नस काट दूँगी
तुम्हारा जो ख़ौफ़ है ना,
उससे भी ख़ौफ़नाक भूत बनकर
सिर्फ़ तुम्हारे लिए
मैं भूत बन कर आऊँगी
तुम्हें क्या लगता है,
मुझे गर्भ से गिरवा दिया तो
मैं चली जाऊँगी
नहीं, मैं भूत बन जाऊँगी
तुम्हें तुमसे ही डराने के लिए
तुम्हारे वीर्य में जाकर बस जाऊँगी
मैं भूत बन कर आऊँगी
ये भी मत समझना,
सदियाँ लगेंगीं मुझे भूत बनने में
और मेरी ज़िंदगी नरक बना के
तुम अपनी ज़िंदगी आराम से जी लोगे
'डारविंस थ्योरी ऑफ इवोल्यूशन'
तो पता होगा ना
मैं इवॉल्व हो जाऊँगी
मैं इवॉल्व हो रही हूँ
मेरे मानस की रीढ़ भी अब सीधी हो रही है
मैं और मेरा भूत,

अब साथ साथ बढ़ रहे हैं
लो, मैं भूत बन भी गयी
जीता जागता भूत
ख़बरदार...

नया श्रृंगार

गहने बिना स्त्री का जीवन अधूरा है
ये माना चलो, पर अब प्रण ये पूरा है
पायल नहीं, करधन नहीं, अलग श्रंगार हमको चाहिए
वक़्त के संग सजने का अन्दाज़ बदलना चाहिए

बालियों, झुमकों से अब जी नहीं भरता
चूड़ियों के रंगों में मन नहीं रमता
संग देश को रंग दे जो, अब वो ज़ेवर चाहिए
वक़्त के संग, सजने का अन्दाज़ बदलना चाहिए

छाती पे वो, जो गोल सूरज सा चमकता है
काँसे का हो, चाँदी का हो, हर-दम दमकता है
चाह उसकी है, कुछ और ना अब चाहिए
वक़्त के संग, सजने का अन्दाज़ बदलना चाहिए

चढ़ता नहीं रूबाब, चार दिन के ज़ोर से
सालों तराशा है ख़ुद को, भाले की नोक से
प्रोत्साहन भी, प्रयत्न सा पुरज़ोर होना चाहिए
वक़्त के संग, सजने का अन्दाज़ बदलना चाहिए

घूँघट में छिपी हैं, सौ कलाएँ अभी
दम तोड़ रही हैं थक के, विधाएँ कई
हर विधा को द्रोण सा आचार्य मिलना चाहिए

वक़्त के संग, सजने का अन्दाज़ बदलना चाहिए

(ओलम्पिक विशेष)
रिओ के गहनों से ज़रा सुकून मिला है
सीने की भट्टी में, अब सोना पिघला है
टोकियो में अब टकसाल खुलनी चाहिए
वक़्त के संग, सजने का अन्दाज़ बदलना चाहिए

पायल नहीं, करधन नहीं, अलग श्रंगार हमको चाहिए
वक़्त के संग, सजने का अन्दाज़ बदलना चाहिए

माँ कहीं नहीं जाती

माँ कहीं नहीं जाती, माँ हमेशा साथ रहती है
कभी-कभी ऐसा लगता है कि माँ अब नहीं-माँ चली गयी,
और इस ख़याल से ही आँख से एक बूँद छलक जाती है
और दूजे ही पल एक अंगुली खुद-बख़ुद उठ जाती है-उसे हटाने
और माँ आ जाती है : हथेलियाँ बन कर

और मेरी आखों को एक किनारे से दूसरे किनारे तक अच्छी तरह से
पोंछ जाती है

हाथों की लकीरों में, पावों के तलुओं में,
माथे की शिकन में, बढ़ते नाख़ूनों में,
गालों को छूती किरणों में, बालों को सहलाती हवा में,
दिखती नहीं, पर माँ होती है।

आटा गूँथूँ तो, चुटकी भर नमक बन उसमें गिर जाती है
चाय में अदरक सी पड़ के गले को राहत दे जाती है
खिड़कियों में धूल सी जम के बैठ जाती है,
और सफ़ाई करने को उकसाती है।
टिफ़िन ना बनाऊँ, तो अफ़सोस बन मन के कमरे में
सारा दिन चहलक़दमी कर बिताती है।

माँ कहीं नहीं जाती, माँ हमेशा साथ रहती है

चावल के डेढ़ अंगुल पानी के माप में, फूलती रोटी की भाप में,
मद्दी आँच में सिकती चाप में, स्वाद सी घुल जाती है
पेट दुखे, तो गरम पानी की थैली सी चिपक जाती है
उलझे बालों में नारियल तेल सी चुपड़ जाती है
माँ कहीं नहीं जाती, माँ हमेशा साथ रहती है

सर्दी के गरारों में, ऐढ़ी की दरारों में मरहम सी लग जाती है
किताबों के ख़ाकी कवर में, रेल के लम्बे सफ़र में
एक अलग पुरानी ख़ुशबू सी महक जाती है

गुसल में गुनगुनाने में, चिढ़ के बुदबुदाने में
बिन बात मुस्कुराने में मिज़ाजों सी नज़र आती है

तीज हो या अमावस, चौथ हो या ग्यारस
ना चाहूँ, फिर भी रिवाजों सी निभ जाती है

पन्ने पर खिंचे हासिये में, दीवार पर बने साथिये में
जो मिटने लगूँ, तो फिर से उकेर के चली जाती है

माँ कहीं नहीं जाती, माँ हमेशा साथ रहती है

हिसाब में बड़ी पक्की है माँ
रिक्शे के पैसे हों या रद्दी का वज़न
ना एक सूत ज़्यादा, ना एक सूत कम
बनिए ने हिसाब में फिर कोई गफ़लत की है
माँ ठीक करवाकर ही वापस आएगी

बात इस बार साँसों की है, शायद इसलिए देर लग रही है
बस आती ही होगी

माँ कहीं नहीं जाती, माँ हमेशा साथ रहती है।

कल माँ घर आयी थी

कल माँ घर आयी थी
आराम की ज़रूरत उसे थी
और सोफ़े पर आसन जमा कर मैं बैठ गई
मेरी रसोई से भी मुझे ही आराम दे गई

नसीहतों का आदान-प्रदान कुछ इस तरह चला
कि अंकुरित मूँग खाने से फटी एड़ियों तक कुछ भी अछूता ना रहा

पूरे घर की खिड़कियाँ खोल दीं उसने
हर एक कोने को धूप दिखा गई

मेरे सपनों को फिर सुलगा गई
कल माँ घर आयी थी

ढूँढ रही थी सुकून मैं
व्हाट्सऐप में, फ़ेसबुक में
कुछ क्विरीज़ भी पोस्ट कर रक्खी थीं ब्लॉग्ज़ में

वो चार बुनियादी बातें बता टेक्नॉलोजी को पछाड़ गई
मेरे लम्बे-चौड़े मसले का हल चार शब्दों में समझा गई

कल माँ घरआई थी

कुछ ख़याल छूट गए थे मेरे
उस घर में
कुछ बचपन के, कुछ जवानी के
बचपन के तो अब जुगनू बन रातों को चमकते हैं वहाँ
जोशीले दिनों के कुछ उसने संजों के रक्खे थे
उन बचे हुए ख़यालों की सौग़ात थमा गई
स्वयं से पुनः मेरा परिचय करा गई

कल माँ घर आयी थी

धागों का मौसम

फिर धागों का मौसम आया
भाई तू फिर याद आया
वैसे तो कई बार मुझे तू याद है आया,
पर अबके जो याद आया तो,
यादों के धागों की जैसे रील सी खुलती जाती है
हरी, गुलाबी, नीली, पीली, चमकीली, सतरंगी यादें
मन के इस ढीले कपड़े को फिर कस के सी जातीं हैं

रील से खुलतीं, ढील से चढ़तीं
यादें पतंग की पुच्छी सी
बित्ता-बित्ता बढ़ती जातीं
काँच के पैने मझ्झे सी

बात में कट्‌टी, बात में मिट्‌ठी
बँटवारे के कंचों सी
धाड़ चवन्नी, धाड़ अठन्नी
रुपया वाले अंटों सी

पंजी की पतंग में लम्बी पूँछ जोड़ना याद आया
बात-बात में मिट्‌टी की गुल्लक खनकाना याद आया
भाई, तू फिर याद आया

नाली में धुल उजली होती
टिप्पा-टिप्पा बॉलों सी
चिपचिप, चमचम, भुसभुसे
बुढ़िया के बालों सी

गली की गाली मीठी वाली
फुस्सी बम के शोरों सी
पोशम्मपार की रेल में लदते
नमक-नून के बोरों सी

काग़ज़ की पुड़िया में अमचूर, बेरी खाना याद आया
गली में गिल्ली-डंडे का वो शोर शराबा याद आया
भाई, तू फिर याद आया

सही-ग़लत खानों में गिरती
चीटीधप की खिप्पड़ सी
गिरती उठती बढ़ती जाती
कैंची वाली साइकिल सी

एक पंख की शटलकॉक के
हफ़्ते-हफ़्ते फेरों सी
जोशी जी की डाँट से डरती
चुप्पईचाप ठिठोली सी

अपने हिस्से की गली में रेस लगाना याद आया
दिवाली में काग़ज़ का वो ढेर जलाना याद आया
सीताफल के बीजों से वो क़र्ज़ चुकाना याद आया
लट्टू और पिट्टू का मासूम ज़माना याद आया
भाई तू फिर याद आया

इंकी पिंकी व्हाट कलर
के अतरंगी से रंगों सी
खुल-खुल के उलझीं
फिर ख़ुद सुलझीं, बचपन सी

यादें
हरी, गुलाबी, नीली, पीली, चमकीली, सतरंगी यादें

फिर धागों का मौसम आया
भाई, तू फिर याद आया

कलम की स्याही कम हो चली, आँख भी थोड़ी नम हो चली
पर यादों की रील ना रूकती, घेरे दर घेरे खुलती चली

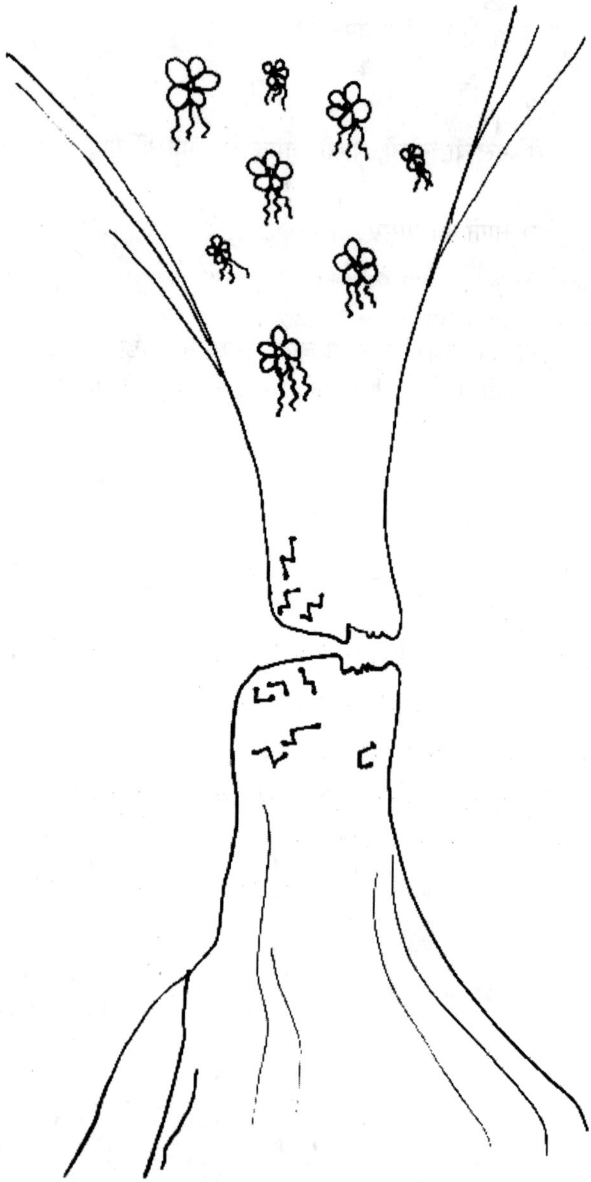

तुमसे ही

कितनी भी हवा चल जाए, सारे
पत्ते झड़ जाएँ,
पर मैं अपनी टहनियाँ पसारे सदा तुम्हारे साथ रहूँगी
ऐसा कोई पतझड़ नहीं, जो मुझे सुखाकर तुम्हारे दामन से झाड़ दे
ऐसी कोई कुल्हाड़ी नहीं, जो मुझे काट कर तुमसे अलग कर दे

हाँ, मेरा क़द जरूर छोटा कर सकती है
पर जितना कटूँगी उतना ही तुम्हारे आग़ोश में समाती जाऊँगी

लोग गलत कहते हैं, कि बस ठूँठ बचा है।
जड़ें दिखती नहीं है, तो क्या हुआ?

और ठूँठ हुई मुझे, तुम फिर अपने जड़त्व से बल दोगे
मुझमें पीके फूँटेंगे, और मैं ऊपर उठूँगी
तुम जड़ें हो–मेरे अस्तित्व की, मेरे व्यक्तित्व की

मैं तनी रहूँ, मैं सधी रहूँ :
तुम गहराइयों तक जाते हो,
ज़मीन में अपनी पकड़ मज़बूत बनाते हो

मैं झुकूँ नहीं, मैं थकूँ नहीं :
निरन्तर मुझे पोषित करते हो

मैं झड़ूँ नहीं, मैं गिरूँ नहीं :
आसमान तक बाँहें तो पसारने देते हो,
पर मेरे पैरों को मज़बूती से पकड़े रहते हो
तुम जड़ें हो–मेरे स्थायित्व की, मेरे निर्भयत्व की
पतझड़ तैयारी है हमारे मिलन की,
और बर्फ़ की चादर उढाने आई शीत
ऋतु है मिलन की

बसंत के आते ही
मेरी शाखें छोटी–छोटी कुलबुलाती–सुगबुगाती कोपलों से भर जाएँगी
मेरी गोद हरी हो जाएगी
मैं व्यस्त हो जाऊँगी और तुम व्यस्त हो जाओगे
इस हरे–भरे पेड़ को पालने–पोसने में
तुम जड़ें हो–मेरे स्त्रीत्व की, मेरे मातृत्व की

फिर ऋतु बदलेगी, हवाएँ चलेंगी
पर कितनी भी हवा चल जाए, सारे पत्ते झड़ जाएँ
मैं अपनी टहनियाँ पसारे सदा तुम्हारे साथ रहूँगी

ऐसा कोई पतझड़ नहीं, जो मुझे सुखाकर तुम्हारे दामन से झाड़ दे
ऐसी कोई कुल्हाड़ी नहीं, जो मुझे काट कर तुमसे अलग कर दे

यक़ीन

सारे चित्र अपने
बग़ीचे के पीछे वाले मेहमानघर में टाँग आयी हूँ
सारी खूँटियाँ भर गई हैं
रीतेपन में सब बीता-अबीता टाँक आई हूँ
सब उतार दिया है मैंने
कैनवस में

जो था-वो, जो नहीं हुआ-वो भी
जो मैंने और तुमने चाहा कि हो-वो
और जो तुमने चाहा कि ना हो-वो भी
जिस लाल नायलोन की रस्सी को तुम्हारे गीले कपड़े बड़े हक से ढँका करते थे
वो अब दिनभर उघरी रहती है
जल गई है जगह-जगह से,
लाल रंग उड़ गया है

गुसलखाने का आईना खाली है-शेविंग का झाग पिचक गया है
साबुन की बट्टी में दरारें पड़ गई हैं
तिलचट्टे नहीं अब नालियों में, और न ही अलमारी में चीटियों की कतार
पुराने अख़बारों के दो बंडल अभी भी रखे हैं बरामदे के एक कोने में
मोगरे के फूल पीले पड़ जाते हैं
झाड़ी में लगे-लगे

उचक-उचक के मुँह चिढ़ाता था कुछ मौसमों तक
वो घमंडी सूरजमुखी
अब तो हवा उसे भी उठा ले गई है-दूर
बहुत राह तकी, अब जाना होगा
रंग सारे ढल गए हैं, केनवास खतम अब ना रूक पाऊँगी
ताला नहीं डालूँगी दरवाज़े पे
मुझे पता है,
तुम आओगे
एक आख़िरी बार
जब सारे रंग सिमट जाएँगे तुम्हारी अपनी दुनिया के
और परतें उतरेंगी
खुले बदन पर हवा पड़ेगी, पानी पड़ेगा और जंग उभरेगी
तब तुम आओगे अपना जंग लगा शरीर लेकर
मैं ना रहूँगी
केटली में चाय बना के रखी है-बिलकुल वैसे ही बनाई है
तुम रंग पे मत जाना,
बागान की पत्तियाँ भी उकता सी गयी हैं
चाय भी अब सफ़ेद बनती है
कुछ फूल मतबान में सजा दिए हैं

बरामदे पर बोरी डाली है
टॉमी नहीं, तो शेरू, नहीं तो राजा,
नहीं तो गली में जो होता होगा वो रोज़ आएगा-सोने
तुम्हें देखेगा तो पूँछ हिलाएगा-यक़ीन है मुझे
और कुछ ज़्यादा नहीं कर सकती

मैंने बहुत चाहा, थोड़ा और रूक जाऊँ
पर मेरे ब्रशों ने जाने क्यों सर मुँड़ा लिया है
पोतूँ, तो कैन्वस फट जाता है

मुझे यक़ीन है तुम आओगे और निहारोगे

सड़ी चाय पर जमी पपड़ी को
सूखे फूलों की डंडियों को
और उसे, वो जो मैं टाँक आयी हूँ-जो मैंने चाहा था कि हो
सराहोगे तुम कि मैंने चाहा था

नया साल

देखो, सारी लकड़ियाँ जमा कर ली हैं अपने झगड़ों की
सूखी और कड़क
चलो, जला दें अब इन्हें
कहा–सुनी का केरोसीन और अपने फेफड़ों की बासी हवा
बस इतना ही चाहिए
एक अच्छी आग के लिए, अलाव के लिए
नए साल की शुरुआत के लिए

यारियाँ

एक बाग़ लगाया है-दोस्ती का
यारियाँ उगाई हैं उसमें
वो जो कोने में बेधड़क, बेपरवाह अपनी जड़ें सर पर उठाए बावला
बरगद खड़ा है—
लंगोटिया यारी है वो मेरी
कई पतगें मेरे लिए लूटी हैं उसनें।
शायद, अब भी किसी शाख़ पर माँझा लिपटा हो कहीं
बारिशों में मेरे संग भीगा है,
बसंत में संग झूला है
मेरे बचपन से वाकिफ़ है ये
आज भी कभी डर लगे तो चिपक जाता हूँ-उसके तने से
अपनी जड़ों से सहला देता है मुझे
मेरा लंगोटिया यार

एक आम से यारी है, पर है बड़ी मीठी और ख़ास
ये उस वक़्त की यारी है जब सपने और खेल बड़े सरल हुआ करते थे
वो गुठलियों से गुड्डे-गुड़िया बनाना, उनकी शादी रचाना, आम की
यारी में वो सादगी आज भी है
हर गरमी फलों से लदा वो मेरा इंतज़ार करता है

एक ज़िद्दी यारी है-पीपल से
ज़िद-सीखने की
मिट्टी ना मिले तो पत्थरों से भी निकल आता था वो

अब हर एक पत्ता जैसे सैकड़ों किताबों को समेटे बैठा हो
कितना कुछ रहता है उसके पास-सीखने को
आज भी उसके कुछ पत्ते मेरी डायरी के पन्नों को चुपके से भर देते हैं।
मेरा ज़िद्दी यार

एक खट्टी यारी है-इमली से
दो चार बार उछलने पर हाथ आती थी
आज भी यही हाल है
पर स्वाद ऐसा निराला की बीज भी मुँह से निकाला नहीं जाता
बचपन के खेल कभी खट्टी यारियों के बिना पूरे हुए हैं भला

एक नुकीली यारी भी कर रखी है-बबूल से
उँगलियों के पोरों पर चुभे काटें समय-समय पर उभर कर याद दिला जाते हैं कि बाग़ बिना काटों के मुमकिन नहीं

कुछ ख़ुशबूदार यारियाँ हैं-रजनीगंधा, चमेली और मोगरे से
जो रात 9 बजे चाय के प्यालों के संग जो महकना शुरू होती थीं,
तो देर रात तक ठहाकों की ख़ुशबू को
गली के आख़िर तक पहुँचा कर ही थमती थीं-
हर रात महकती हैं, वो यारियाँ मेरे ज़हन में

कुछ बड़ी दिलचस्प यारियाँ हैं, जो हवा के झोंकों से उड़ के आयी हैं-
फ़ेसबुक और व्हाट्सऐप की बक़ायदा फल फूल रही हैं-अज़ीज़ ये भी हैं, मेरे बाग़ की जो हैं अब

कुछ यारियाँ गए बरस बोई थीं, उनपे कोपलें फूट आयी हैं
नई नवेली नाजुक यारियाँ-बड़ा वक़्त, बड़ी देखभाल माँगती हैं ये, अभी छोटी जो हैं
कुछ और हैं, जो इस बरस बोनी हैं।

वो बच्चा

(बड़ी बहन के जीवन पर आधारित जोकि विशेष ज़रूरतों वाला एक अत्यंत विशिष्ट बच्चा है)

वैसे तो हर बच्चा विशेष होता है, भिन्न होता है। पर कुछ बच्चों की विशेषता भी विशेष होती है, भिन्नता भी भिन्न होती है। ये ज़िक्र है, एक ऐसे ही अत्यंत विशेष बच्चे का, एक अलग बच्चे का-

वो बच्चा
जो मुझसा ही है, पर मेरे जैसा नहीं
मुझमें ही है, पर मुझसे बहुत अलग
हमने साथ चलना सीखा
साथ बढ़ना सीखा, साथ पढ़ना सीखा
जो मैं गिरा तो तो वो रोया, जो वो गिरा तो मैं
मुझे खरोंच भी ना आती, पर उसके ख़ून की धार लग जाती
मुझसे अलग जो था वो
मैं चलता गया, बढ़ता गया, पढ़ता गया
उसने चलना चाहा पर ज़्यादा चल ना सका-चारदीवारी में ही सिमट गया
उसने बढ़ना चाहा पर बढ़ ना सका-बच्चा ही रहा
उसने पढ़ना चाहा पर पढ़ ना सका-चौथी ही देख पाया

फिर भी हर साल मेरे जैसी यूनीफ़ॉर्म सिलवाता रहा
कापी किताबें ख़रीदता रहा, ख़ाकी कवर चढ़वाता रहा

मिकी माऊस और परियों की नेमचिट चिपकाता रहा
पेंसिल, रबर, शार्पनर जमाता रहा
कि ना जाने कब माहौल बदल जाए, थोड़ी मोहलत मिल जाए और ज़िंदगी इजाज़त दे दे
कुछ और बढ़ने की, कुछ और पढ़ने की
और वो जल्दी से मेरी अंगुली पकड़ के स्कूल आ जाए
पर वो अपनी कोरी कॉपियों और पैनी नोक की हुई पेंसिलों से भरा बस्ता
लेकर स्कूल के दरवाज़े से लौटता रहा, यह बोलकर-
'अच्छे से पढ़ना और शाम को मुझे पढ़ाना, टाटा'
शाम के इंतज़ार में दिन गुज़ारता रहा कि स्कूल की ख़बरें सुनने को मिलेंगी

मेरी कक्षाऐं बढ़ती गयीं, उसकी आँखों की रोशनी घटती गई।
फिर एक रोज़ एक आँख ने जवाब दे दिया और
बची हुई आँख की घटती रोशनी ने नीले और लाल रंग में अंतर करना बंद कर दिया
आँख की देखा-देखी दूसरे अंगों ने भी अपना रंग दिखाना चालू कर दिया।
सुबह-शाम की तेज़ दवाइयाँ शुरू हो गईं
पर बस्ता ना छूटा
और ना कॉपी किताबें
हाँ, अक्षरों का आकार ज़रूर बढ़ता गया।
बारीक चलने वाले पेनों की जगह मोटे मार्कर्स ने ले ली
सँकरी लाइनों वाली कॉपी की जगह बड़ी ड्रॉइंग कॉपियों ने
अब घर ही उसका स्कूल था, और मम्मी टीचर और पापा अट्टू और साँप-सीढ़ी में साथी

शाम की ख़बरें, जिन पर उसकी ज़िंदगी का बड़ा टुकड़ा टिका था
स्कूल से बदल कर कॉलेज की हो गईं,
नौकरी की , शादी की और फिर मेरे बच्चे की।
फिर ख़बरें भी साप्ताहिक हो गईं और कभी-कभी मासिक
इस दौरान भी माँ का वो बच्चा, बच्चा ही रहा

पर पढ़ने और बढ़ने की चाह ना छोड़ी
जो बन सका वो सीखता रहा
संस्कृत के श्लोक कंठस्त किए,
संगीत और अध्यात्म को विषय बनाया
और अपना बस्ता सहेजता रहा
अपनी कापी, किताबों को धूप दिखाता रहा
बिस्तर पर खड़े होकर जन-मन-गन गाता रहा
बारहखड़ी और पहाड़े दोहराता रहा
घर, आँगन और मंदिर के त्रिकोण में दोस्त और सहेली ढूँढता रहा

गर्मी की छुट्टियों में, वो अब मेरे बच्चे के साथ चलता है
जो मैं भूल गया, मुझे याद दिलाता है।
जो उसे आता है, मेरे बच्चे को सिखाता है
'अटकन चटकन दही चटाकन, बाबा लाए सात कटोरी-एक कटोरी फूट गई'

पर अपने बस्ते को बांधे अब भी तैयार है, कि कब स्कूल की घंटी बजे और
वो अंगुली पकड़ के कक्षा की बेंच पर जाके बैठ जाए

मेरा बच्चा अब पाँचवी में जो है।

कई सवाल थे तुम्हारे

कई सवाल होते थे तुम्हारे
कुछ सरल, कुछ कठिन
कुछ के जवाब मैं तुरंत दे देता
कुछ हँस के टाल देता
कुछ के जवाब तो मुझे भी पता नहीं थे

इतना बोलते थे कि लगता था बस पाँच मिनिट शांत हो जाओ
कुछ जवाब पता थे
ये नहीं पता था–समझाऊँ कैसे

मछलियों के घर कहाँ होते हैं?
स्पोर्ट्स कार की हेड लाइट्स कहाँ होती हैं?
अंधेरे में रंग क्यों नहीं दिखते?
वग़ैरह–वग़ैरह

इन सवालों के साथ–साथ एक सवाल और पूछा था तुमने,
कमर क्यों झुक जाती है?

काश, उस वक़्त इसे अच्छे से समझा सकता
तो आज तेरी आवाज़ सुनने को कान ना तरसते होते
और शायद हम आज एक ही छत के नीचे होते

मैं तेरे बच्चों का घोड़ा बनता
उनके आड़े–टेढ़े सवालों के जवाब देता
अब हर सवाल का जवाब है मेरे पास

संग बुढ़ापा

काश कि ज़िंदगी कुछ इस तरह होती
ना तुम बूढ़े होते, ना मैं बूढ़ी होती
ना तुम्हारी चाँद झलकती, ना मेरी माँग चौड़ी होती

तेरे माथे से लटों के छल्ले ना यूँ गुम होते
ना मेरी सर्पीली चोटी केंचुए सी होती
ना तेरे रौबदार चेहरे पे सिलवटें पड़ती
ना अक्ष मेरे उरोज की कुछ झुकी होती

ना तुम बूढ़े होते, ना मैं बूढ़ी होती

पर जो ना तुम बूढ़े होते और ना मैं बूढ़ी होती
तो ना तो तुम टेढ़े होते, ना मैं लाठी होती
ना मैं कँपकँपाती, ना तुम शाल उढ़ाते
ना मैं धुँधला देखती, ना तुम ऐनक थमाते
ना मैं ऊँचा सुनती, ना तुम पास आ दोहराते
ना मैं झुँझलाती, ना तुम ढाढ़स बँधाते

ना मैं चार बजे उठती, ना तुम बत्ती जलाते
ना भुलक्कड़ सी कुछ मैं होती, ना तुम दवाई खिलाते
ना मैं बुदबुदाती, ना तुम मुँह बनाते

ना मैं कतरनों में लिखती, ना तुम डायरी में चिपकाते

जो ना तुम बूढ़े होते और ना मैं बूढ़ी होती
तो प्रेम तो होता, उसकी पराकाष्ठा ना होती
जो ना हम बूढ़े होते, जो ना संग बूढ़े होते

आपबीती

व्यंग (एक क़रीबी दोस्त के व्यक्तिगत अनुभव पर आधारित)

ऑफ़िस की आपाधापी, घर गृहस्थी के झमेले
हे भगवन,
जीवन है धक्का-मुक्की
कैसे ये रेले-पेले ?

मालिक, ज़रा फ़ुर्सत मिल जाती तो क्या बात थी!
ये काम ना होता तो क्या बात थी!
हाय रे, फूटी क़िस्मत!
ऐसे तो परमात्मा कभी सुनता नहीं,
पर इस बार सुन ली गुहार
और काम के बदले खाँसी दे दी उधार

बोले, ले अब आराम कर और इसे संभाल
खाँसी क्या दी, दे दिया गले जा फंदा
खाँस-खाँस के मैं हुआ बदरंगा
और डाक्टरों का तो चल निकला धंधा
पुणे वाले तो ख़ुश, मुंबई वाले और भी ख़ुश

टैस्टों की लम्बी लिस्ट देख, बीवी ने लिस्ट थमाना बंद कर दिया
पाओं दबाने लगी, दबवाना बंद कर दिया
बात सीज़नल फ़्लू से चालू हो, कर्क रोग के अंदेशे तक पहुँच गई थी

और गर्दन मेरी जैसे खाँसी की फाँसी में लटक गयी थी
अरे, कौन से टेस्ट को मना करता, क्या मेरी सटक गयी थी?

जब सारे टेस्ट हो गए फ़ेल
तो डाक्टरों ने खेला एक और खेल

बोले एक नये तरह का बैक्टीरिया है, जनाब
अलग नहीं किया तो जीवन समझो बर्बाद

तो अब शुरू हुई बैक्टीरिया महाराज की ढूँढाई
क्या जाने, अकेले आए थे कि साथ में थी लुगाई

जाने कौन सा बैक्टीरिया था,
कहाँ से आया था, कहाँ छिपा
यहाँ छेदा-वहाँ छेदा, बहुत ढूँढ़ा, नहीं मिला

तो अब ये पक्का हो गया,
अकेला ही आया है
अरे, नाम पता होता तो घर छोड़ कर आते
2-4 गोली खाकर गंगा नहाते
पर कहते हैं, जब मालिक देता है
तो छप्पर फाड़ कर देता है
बैक्टीरिया महाराज भी ठान कर आए थे
पूरा भ्रमण किए बिना वापस नहीं जाएँगे
पहले लिम्मफलोडों पर डेरा जमाया
वहाँ से भगाया तो सर, हाथ व पैर पर आ गये
इंजेक्शनों, गोलियों की बौझार से मन हुआ खिन्न
सर के बाल गुम, हाथ-पाओं सुन्न
मैंने कहा, मालिक अब तो निकल जाओ
दोस्त, पार्टी करते हैं तो सोच-समझ के बुलाते हैं
वो पीते हैं, मुझे सुँघाते हैं
यह सुन बैक्टीरिया को आया तरस

मेरी परेशानी वो अच्छे से गया समझ
और एक रोज़ धीरे से गया खिसक

सोचता हूँ, मालिक काम भला
बच्चों की चें-चें भली
राशन की लिस्ट भली

अब फिर मैं व्यस्त हूँ,
इस व्यस्तता में मस्त हूँ,
यार, अब मैं स्वस्थ हूँ।

ऑफ़लाइन

ऑनलाइन फ़्रेंड्ज़ बहुत बना लिए
चलो, पड़ोसियों से अब दोस्ती की जाए

पैरों का ज़मीं से कुछ तो वास्ता रहे।

बाइनरी

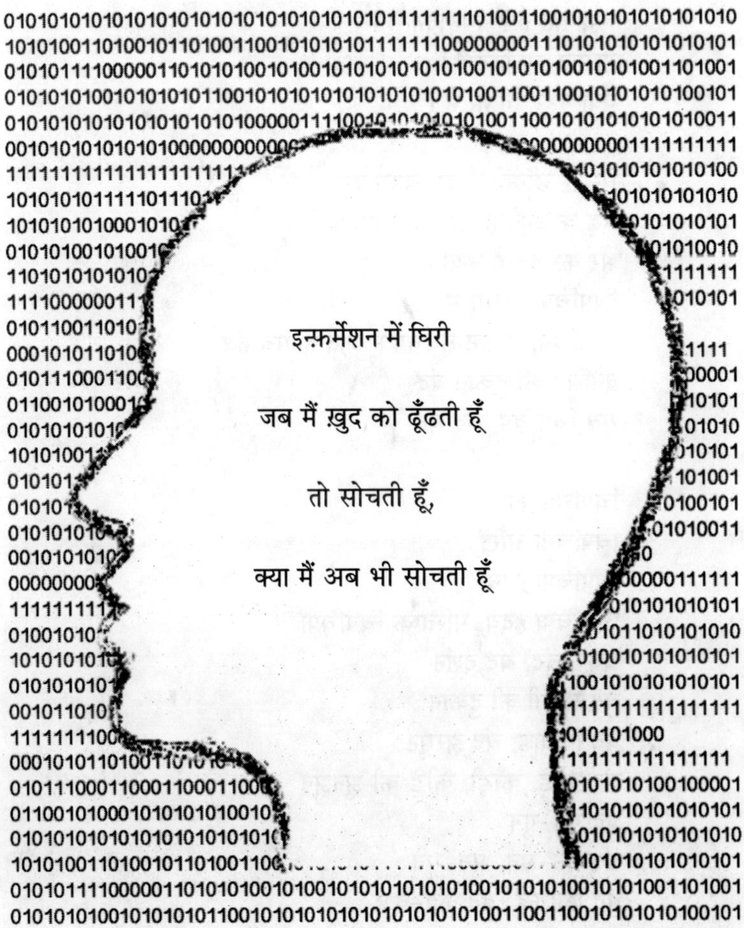

इन्फ़र्मेशन में घिरी

जब मैं ख़ुद को ढूँढती हूँ

तो सोचती हूँ,

क्या मैं अब भी सोचती हूँ

प्रॉपेगेन्डा

क्या रात है ? क्या दिन है ?
ना रात, ना दिन है !
क्या पहर इतवार हैं ?

सियार छींकते हैं दूर, बहुत दूर
उड़ के आते हैं वाइरस-यहाँ तक
भर कर देते हैं नाक
चिपचिपे श्लेष्मा से
उस चिपचिपाहट से चिपक जाते हैं सब तंत्र
क्रोसिन की दुकान बंद
सब चिपचिप, बंद बंद

चिपचिपे कान
चिपचिपी आँखें
चिपचिपी त्वचा
चिपचिपा हृदय, मस्तिष्क चिपचिपा
श्रवण बंद, बंद दर्शन
बंद रोशनी की दुकान
बंद किवाड़, बंद झुरमुट
बंद कोड़े, कौड़ी, कीड़े की झुनझुन
बंद गुन-गुन
बंद सन-सन, सुन-सुन
बंद कहकहे, बंद कह-कह

बंद हा-हा, ही-ही, हो-हो
बंद टें-टें, बंद कूकें, बंद ट्रिन-ट्रिन

चिपचिपा पेट लिए एक घोंघा निकलता है
चमकीला सा रास्ता बनाते
व्हॉटसऐप का
सब पीछे
चिपकते-चिपकते।

बिग डेटा

टच, स्वाइप या इंसर्ट
और बस
आ गया मैं
गर्भ में–है ना सहज और रोचक

और अब बढ़ रहा हूँ–
एक आरामदायक गर्भ में नहीं

यह बच्चा 'मैं' विश्व स्तर पर बढ़ रहा है

हर टैप पर, स्कैन पर, स्वाइप पर स्थानांतरित होता है एक डी एन ए
खिंच जाता है एक अंश
और परिवर्तित हो जाता है बाइट में
डेटा बाइट में
मैं बाइट्स बन रहा हूँ

मेरा व्यवहार कैद है उनकी पंक्तियों और स्तंभों में
मेरी प्राथमिकताएँ–शून्यों और एकों में
एनालॉग से डिजिटल
कलर्ड से ब्लैक एंड वाइट
दशमलव से बाइनरी–बन रहा हूँ मैं
बढ़ रहा हूँ मैं

मैं डेटा बन रहा हूँ
क़ैद की जा रही हैं-
मेरी बातें
मेरा लेखन
मेरा देखना
मेरी सोच-हाँ-हाँ, वो भी

और मैं, मैं बेख़बर,
व्यस्त-आत्मघात करने में
अपने ही स्मार्ट फोन और कार्ड से
जैसे ये मेरे डिजिटल बंदूक और चाकू

जो तने हैं मेरी ही ओर

गोली मारते हैं, काटते हैं मुझे
और बना देते हैं मुझे
बड़े डेटा बाजार में एक वस्तु

समन्दर किनारे एक क्लिक-डेटा
सैलून में एक टैप पेमेंट-डेटा
ट्रेन में एक सेल्फी-डेटा
मेरी सुबह-डेटा, शाम-डेटा
पूरे का पूरे डेटा बन रहा हूँ

और तब वे जान जाएँगे मुझे
पूरा का पूरा
मैं क्या खाता हूँ-वेज, नान-वेज या वीगन?
कौन सी ब्रैंड्ज़ पहनता हूँ?
रात में क्या सर्फ़ करता हूँ?

मेरा विस्तार हर जगह
सब जगहों पर मौजूद मैं

–फेस बुक, ट्विटर, इंस्टाग्राम, यू ट्यूब, गूगल–ड्राइव

क्लाउड्ज़ में भी

बढ़ रहा है–लगातार–मेरा वजन
अब कितना है?
क्या तैयार हूँ, डेलिवरी के लिए?

कितने जीबी–2जीबी ?3 जीबी ?

क्या बात! 3 जीबी तो एकदम बढ़िया है।

डाउनलोड–सिजेरियन, कैंची!
कट, कॉपी, पेस्ट
कट, कॉपी, पेस्ट
कट, कॉपी, पेस्ट

और बस
मैं आ गया बाज़ार में–एक चिप में पैक
बिकने के लिए तैयार

ऋचा फ़्रोम लंदन, ऋचा फ़्रोम लंदन...
सस्ते दामों में
...
और मुझे खरीद लिया जाता है

चुनाव जीतने
नया प्रोडक्ट डिजाइन करने
शेयर मार्केट में फ़ायदा उठाने
मेरे मेल बॉक्स को स्पैम करने
नई व्यापारिक रणनीति बनाने

मुझे मुझसे ही लुभाने-

और ख़रीद लिया उन्होंने मुझे

मिट्टी से डेटा तक
यह विकास है!

अब वे मुझे मरने नहीं देंगे,
मरने पर भी
क्योंकि मैं डेटा हूँ

और डेटा महत्वपूर्ण है-बहुत महत्वपूर्ण

इस संसार की दृष्टि में मैं राख हो जाऊँगा
लेकिन ग्रिड में जिंदा रहूँगा-अटका रहूँगा-
अपने डिलीट होने का इंतजार करता।

मिट्टी से डेटा तक
क्या यह विकास है?

जॉब

जॉब,

क्या तुम मुझे जीवित रख सकती हो,
अब भी?

जब
रिक्त हूँ मैं–जेलीफ़िश की तरह
पारदर्शी–जेलीफ़िश की तरह
और बढ़ा लिया है मैंने भी एक तंत्रिकाजाल
अनुभव, अंतर्दृष्टि और विवेक का

अब,
मैं तलाशती हूँ
मैं देखती हूँ
मैं डंक मारती हूँ

जॉब, क्या तुम मेरा पेट भर सकती हो?

मुझे पता है कि तुम मुझे खाना दे पाओगी
लेकिन
मेरा पेट नहीं भरेगा

मेरी क्षुधा अब बहु–आयामी है

यह अब केवल जैविक नहीं

जॉब ,
क्या तुम मुझे क़ैद कर सकती हो
एक डिब्बे में-विशिष्ट भूमिकाओं और जिम्मेदारियों के साथ
पाइपलाइन्ड डेलिवरेबल्स के साथ
अव्यवहारिक डेड-लाइंस के साथ
जो अंततः विस्तारित की जाएँगी
क्योंकि वे नहीं होंगी पूरी
दिन-रात एक कर देने पर भी

जी जान से लगे रहेंगे कुएँ के मेंढक
मौसम दर मौसम के सर्कस में
पागलपन के बावजूद भी सामान्य दिखने का प्रयत्न करते
निर्देशों का पालन करते

वे देखते नहीं, तलाशते नहीं, डंक नहीं मारते
मैं जेलीफ़िश हूँ , समन्दर की।
कुएँ की नहीं।

ओ कुएँ, क्या तुम मुझे रोक सकते हो ?

बंद कमरों में, क्यूबिकल्स में
मैं उचकती नहीं, मैं बैठती नहीं, मैं तैरती हूँ

अपने स्पर्श-तन्तुओं को पूरी लंबाई में फैला कर

मैं तलाशती हूँ
ऊर्ध्वाधर और क्षैतिज तलों को
विभिन्न स्थानों तक जाती धाराओं को

विश्वास और अनुभवों के स्पर्श-तन्तुओं से

भय और पूर्वाग्रहों को
डंक मारती
मैं तैरती हूँ, मैं तलाशती हूँ

डायनासोर के पहले भी था मेरा अस्तित्व
और रहेगा
सारे दिमाग, सारे दिल और सारी हड्डियों के लुप्त होने के बाद तक

मैं शताब्दियाँ पार करती हूँ
हल्की हूँ–कोई सामान नहीं मेरे पास
न हृदय, न मस्तिष्क, न हड्डी
तरल हूँ; आज़ाद हूँ

जॉब, क्या तुम मुझे जकड़ सकती हो?

फ़ेसबुक

एक क्लिक फ़ेसबुक
और फिर जैसे शुरू हो जाता
है विस्तार अनंत का

एक योनि से दूसरी योनि में
जैसे प्रवेश करता है कोई जीव

छछून्दर बनता है
कुत्ते सी दुम हिला
हाथी सी सलाहें दे
गधा, घोड़ा, छिपकली
कॉकरोच, और फिर
मेंढक सा उचक के
आता है वापस
अपने पेज पर
अपनी योनि में
जल्द फिर उसी यात्रा में वापस जाने को

यही क्रम
यही संसार
यही आनंद

बोध सब का

बस मुक्ति का नहीं

कहते हैं, 84 लाख योनियाँ हैं।
बहुत हैं!!!

भाषा, मेरी भाषा

अन्य भाषाओं की तरह
अँग्रेज़ी एक भाषा है, यहाँ
इसका 'ख़ौफ़' नहीं, इसका 'राज' नहीं
ये स्टेटस नहीं, मानचिन्ह नहीं
रूसी, जापानी, फ्रांसीसी, इतालवी या जर्मन की तरह
ये मात्र एक भाषा है

पूरी हो या टूटी-फूटी
सब चलता है
व्याकरण ना आए तो भी बोल सकते हैं
उच्चारण ग़लत हो, तो भी
अपने लहजे में

बिना सकपकाए, बिना सकुचाए
बिन रूह को कंपकपाए

बिना झेंपे, बिना किसी शर्मिंदिगी के
बिना ज़मीन में पैर के नाख़ून गड़ाए

और बिना किसी अफ़सोस के

आप
बड़ी सरलता से

सहजता से
इज़हार कर सकते हैं
गर्व से इकरार कर सकते हैं

कि अँग्रेज़ी हमारी भाषा नहीं ।

क्योंकि ये भारत नहीं

ब्राउन पॉपी

(प्रथम विश्व युद्ध में शहीद हुए भारतीय सैनिकों को समर्पित)

क्या आप जानते हैं–ब्राउन पॉपी[1] के फूलों को?
नहीं ना!
मैं भी नहीं।

अपनी ही ज़मीन पर प्रतिबंधित
और गोरी मिट्टी में कबके, दबके गुम हो चुके

साहस और निष्ठा के प्रतीक
वे भी कभी
रक्तवर्णित आभा बिखेरते थे

गोरी सरकार के काले कपट ने
उन लाल चमकीले फूलों को
मटमैला बना दिया
देशभक्ति को उनकी द्रोह सा
दिखला दिया

विक्टोरिया के क्रॉसों से सजे
युद्ध–विजयी, छल–पराजयी

---

1. लाल पॉपी (पोस्ता/ अफ़ीम) के फूल यूरोप में प्रथम विश्व युद्ध एवं उसके बाद के संघर्षों में हुए बलिदान का प्रतीक हैं।

ऊष्ण कटिबंध के वे भूले-बिसरे गरम फूल
क़ब्रीली ट्रेंचों में, बर्फ़ीली चादर ओढ़े,
आड़ी-टेढ़ी पगड़ियों के
फैंटों में कसे हुए

अनाथ
पड़े हैं

फ़्रान्स में, फ़्लानडर्स में
मेसोपोटेमिया में, अफ़्रीका में
फ़िलिस्तान में

हज़ारों की तादाद में (74 से भी ज़्यादा)
क्या आप जानते हैं उन ब्राउन पॉपी के फूलों को?
नहीं ना!

वे सुर्ख़ लाल थे।

माँ के 'लाल',
फिर लाल हो सकते हैं,

सुर्ख़ लाल!

वेल्स

जब आसमान की तरफ़ सिर कर आँखें बंद करती हूँ
तो एक भालू दिखाई देता है
जैसे मेरे माथे के ठीक बीचों-बीच उसका नथुना
धीरे-धीरे आगे बढ़ता हुआ
मेरी भवों के बीच से आता हुआ
.
.
.
अब, उसके और मेरे नथुने आमने सामने
मेरे नासाछिद्र उसे मधुमक्खी के छत्ते के दो सेल जैसे दिखते हों
सूंघता है वो मुझे
जीवित हूँ?
मैं बंद आखों से टकटकी लगाये, उसके नथुनों की तरफ़
.
.
.
फिर धीरे-धीरे उसके काले बाल, कान विलीन होने लगते हैं
आसमान में
और आसमान से बादल उतर आते हैं
मेरे माथे में
काले बाल, सफ़ेद में परिवर्तित
भेड़ें ही भेड़ें[1]

---

1. वेल्स में इंसानों के अनुपात में तिगुनी भेड़ें हैं।

हर सफ़ेद फुदकती पोटली पर एक सुनिश्चित रंग की मुहर
उसके मालिक की
मालिक सफ़ेद भेड़ों के
अब भी ख़फ़ा हैं
सफ़ेद ड्रैगन से[1]

उनके लाल ड्रैगन ने
हरा दिया था
सफ़ेद ड्रैगन को
पहाड़ी से बहुत नीचे फेंक दिया था

फिर क्यों उनकी पहाड़ियों और खानों में
नीले ख़ून वाले उस निर्मम, बर्फ़ीले सफ़ेद ड्रैगन
की साँसें गूँजती हैं

और वो बूढ़ी रानी-भेड़,
वो क्यों घूरती रहती है?

खानों के भीतर
तलहटी में हर स्लेट[2] के टुकड़े पर लिखी है
सफ़ेद ड्रैगन की हार की ख़बर

हर साल बांचता है उसे डुगडुगी बजाके
रग्बी के स्टेडियम में
अपनी भाषा में

---

1. सदियों पुरानी किवदंती है, सफेद और लाल ड्रैगन के आपस में टकराव की। इसके अनुसार लाल ड्रैगन, जो कि वेल्स का प्रतीक है, हमेशा से बाहरी शक्तियों से वेल्स की रक्षा करता रहा है।
2. वेल्स दुनिया भर में स्लेट की खानों के लिए मशहूर है।

आतंकवाद

छिपकली हूँ मैं, मेरा काम है दुम गिराना
और दुम गिरा के भाग जाना
मैं रोशनी पर नज़र रखता हूँ
रोशनी के लिए नहीं,
शिकार के लिए

कीट–पतंगे बेसुध होके नाचते हैं
और मेरा काम आसान हो जाता है
कई तरह की होती हैं ये रोशनियाँ
हर रोशनी का अपना अलग शिकार
हर शिकार का अपना अलग मज़ा

पार्क की रोशनी
व्यस्त सड़क की रोशनी
कैफ़े की रोशनी
स्कूल की रोशनी
मंदिर की रोशनी
मस्जिद की रोशनी
बस की रोशनी
ट्रेन की रोशनी

रोशनी ही रोशनी
इतनी रौनक़, इतनी रोशनी

बस–बस
यही तो मुझे बर्दाश्त नहीं
यही तो मुझे देखा नहीं जाता
लेकिन तुम कीड़े मकोड़ों
को ये बात समझ ही नहीं आती

आना पड़ता है मुझको बरबस
चुन–चुन के सबको खाने
और बस मैं आ जाता हूँ
शिकार करके भाग जाता हूँ
तुम दुम पकड़ते हो,
मैं दुम गिरा देता हूँ
तुम समझते हो मैं मर गया

छिपकली हूँ मैं
मेरा काम है दुम गिराना,
गिरा के नई उगाना

दिमाग़ी कीड़े

छोटे-छोटे होते हैं-
दिमाग़ के ये काले किलबिलाते हुए कीड़े
पर काफ़ी हैं,
माँस के लोथड़ों में बदलने के लिए:
शरीर,
शहर,
समाज,
देश और
सभ्यता को

इनका मरना ज़रूरी है
रंगो को ज़िंदा रखने के लिए

देश

जाने क्यों अनजाने में जो भूल गया था याद आया
व्यर्थ की सी बातों का
एक व्यर्थ सा पहलू याद आया

ऊँचे से ऊँचा उड़ने में फटने की परवाह नहीं
फटी पतंग को जोड़ा था जिससे
क्यों भात वो गीला याद आया

देश उजला सड़कें उजली, उजला कोना-कोना
फिर क्यों जब आइना देखा
कीचड़ का छींटा याद आया

श्वेत-शुभ्र मख़मल सी सुंदर तहें बिछीं हैं चारों ओर
फिर क्यूँ कल्लू के ठेले का
बर्फ़ का गोला याद आया

जाने क्यों जब देश है छोड़ा तब सब मुझको याद आया
व्यर्थ की सी बातों का
व्यर्थ सा पहलू याद आया

ऊँची सी सीढ़ियाँ

कुछ ऊँची सी सीढ़ियाँ एक ऊँचे पे बने घर की तरफ़ जाती हैं
जहाँ बातों की आवाज़ें दरवाज़े के बाहर तक आती हैं
वहाँ दीवारें बोलती हैं, तस्वीरें बोलती हैं
कुछ पत्थरों पर खिंची हुई लकीरें बोलती हैं

कोई द्रोपदी के चीर की कहानी कहता है
तो कोई बनारस के घाटों की
कोई गंगा के नीर की कहानी कहता है

तो कोई कलकत्ते के हाटों की
कितना कुछ है सुनने को वहाँ

वहाँ किताबें बोलती हैं
क़ालीन बोलते हैं
सुराही से भरकर जाम बोलते हैं

बर्मा के हैं या थाई के
चीन के हैं या हवाई के

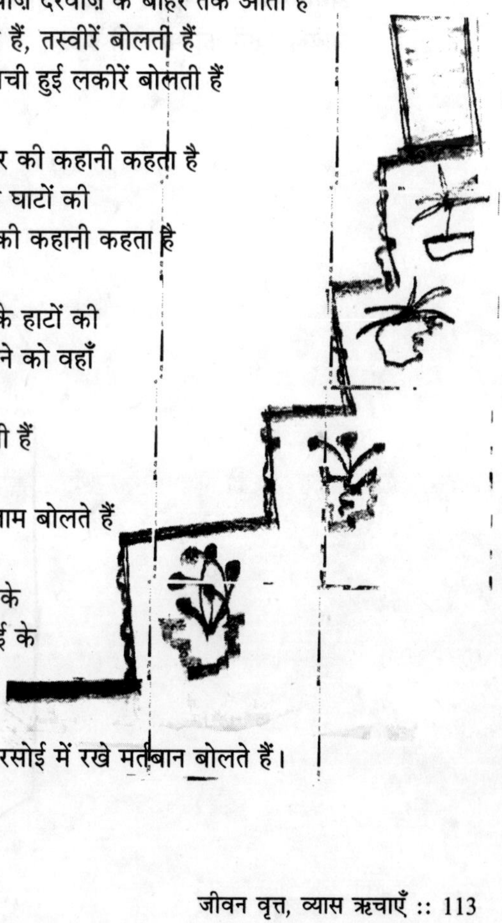

कुछ सुना था मैंने, रसोई में रखे मर्तबान बोलते हैं।

आबरू

गुसलखाने में चोरी से झाँका नहीं करते
अधूरी नज़्मों को चुपके से पढ़ा नहीं करते
आबरू नज़्मों की भी होती है।

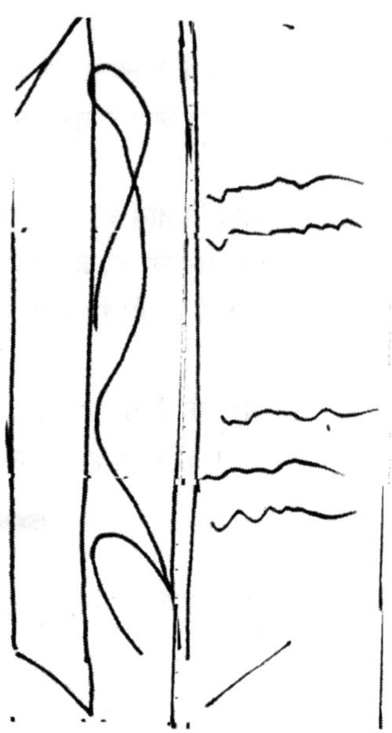

मीत

संग-संग तेरे बड़ी हुई, तुझसे ही बोलना सीखा
तेरे मीठे-मीठे बोलों पर ही डोलना सीखा
संग तेरे विद्यालय, संग-संग ही शिवालय
अंत:मन की बातों को, तुझसे ही तौलना सीखा

तुझसे गीत, तुझसे कविता, तुझसे गुनगुनाना सीखा
तेरे गीतों की धुन पर ही, कमर मटकाना सीखा
तुझसे ज्ञान और विज्ञान, तुझसे शास्त्र और पुराण
तुझसे ही बीजगणित के समीकरण हल करना सीखा

तुझसे प्रेम निवेदन पहला, तुझसे इतराना सीखा
तुझसे गाली और गलौच, तुझसे झुँझलाना सीखा
तुझसे रिश्ते, तुझसे नाते, तुझसे घर-गृहस्थी सारी
माँ बन मैंने तुझसे ही बन-बन के तुतलाना सीखा

इस तरह गुथे थे हम तुम, फिर क्यों पथ पृथक हुए
बचपन, यौवन के संगी से, अकारण ही विमुख हुए
हाथ छोड़ तेरा जाने क्यों भटकी मैं अनजाने के संग
हाय, स्मृति-पटल में पुनः पुनः प्रश्न ये खड़े हुए

तुझसे ही परिचय, तू शक्ति, तुझसे ही संतुष्टि है
तुझसे शांति व क्रांति, मनमंडल की एकाधिपती है
आज लौटी हूँ घर वापस, मिलन की तुझसे लेके आस
हिंदी तू सच्ची मीत मेरी-मैं भाव, तू अभिव्यक्ति है

ऋचाएँ

आप आना मेरे घर ऋचाओं से मिलने,
शायद पहचान लें आप उन्हें
और वे आपको
कुछ सादी ऋचाएँ, कुछ आधी ऋचाएँ,
कुछ पूरी होने को तत्पर ऋचाएँ

कुछ चुलबुली ऋचाएँ, कुछ गम्भीर ऋचाएँ,
कुछ समय के साथ परिपक्व होती ऋचाएँ

कुछ वैचारिक ऋचाएँ, कुछ सांसारिक ऋचाएँ,
कुछ एतिहासिक, तो कुछ पौराणिक ऋचाएँ

कुछ पनपती ऋचाएँ, कुछ सूखती ऋचाएँ,
कुछ एक अरसे से ख़ुद से जूझती ऋचाएँ

कुछ काल्पनिक ऋचाएँ, कुछ वास्तविक ऋचाएँ,
कुछ स्वप्न से यथार्थ में बदलती ऋचाएँ
मिलेंगी आपसे

आप आना मेरे घर
ऋचाओं से मिलने

❑ ❑ ❑